下ごしらえ
5分

へとへとでも手を汚さずに

今日のおかずが

ポリ袋で

できちゃった！

料理 ほりえさちこ

100
レシピ

JN055214

主婦の友社

ポリ袋に
食材と調味料を
入れて

もみもみ

メインも
サブも
おやつも

はじめに

家事に仕事に毎日へっとへと。
それでもごはんはちゃんと食べたい。
そんながんばるアナタをポリ袋が救います。

本書でご紹介するレシピの下ごしらえはすべて、
食材をポリ袋に入れて、もむだけ漬けるだけで完了。
だからボウルを使うこともなければ、
レシピによっては包丁やまな板さえ出番がありません。

あとは焼いたり煮たりするだけで、
あっという間に立派なおかずができちゃいます。

最大のポイントは、手やキッチンまわりが汚れることなく、
洗い物も最小限にすますことができるところ。
とにもかくにもとってもラクチン。

また、少ない調味料でも味がしっかりしみ込むから、
ちょっとした節約にもつながります。

「ポリ袋が便利なのはずーっと前からわかっていたよ!」
という人も、そうでない人も。
この本を通してあらためてそのよさを知り、
毎日のごはん作りにぜひ役立ててほしいです。

CONTENTS

1枚あれば超ラク＆超おいしい
ポリ袋の
ここがスゴイ！

POINT ——————— 1

手も作業台も、
シンクも汚れない

ポリ袋さえあれば、材料を入れるボウルは不要。まぜたりこねたりするのにゴムべらや泡立て器もいりません。おまけに粉や生地が飛び散ることもなくて、ノーストレス！ 作り終わったあとの洗い物といえば、計量スプーンとフライパンくらい。とにかく材料を入れてもめばOKという潔さは、ポリ袋を使う最大の魅力です。

おてて
ヨゴレ
ナ〜イ

使う調味料が
「超」少ない

ポリ袋は効率的に調味液を食材にしみわたらせることができるため、最低限の調味料で下味をつけることができます。から揚げや煮卵など、レシピによっては普段の半分以下の量になるものも。必要以上に調味料を使うことがないから、とってもエコ。もちろん節約にもつながります。

保存にスペースを
とらない

作りおきや下味をつけたものを冷蔵室内にしまうとき、保存容器やボウル、バットに入れるとスペースをとりますよね。でもポリ袋なら重ねることもできれば、折りたたむこともできるので、まさに変幻自在。ちなみに食材を入れて1カ月ほど冷凍も可能。薄切り肉や刻んだ薬味、輪切りにした野菜は、ならして冷凍できるので、スペースの有効活用ができます。

下ごしらえ5分であっという間
ポリ袋があれば
こんなにラク！

材料をぜーんぶ
入れちゃえ！

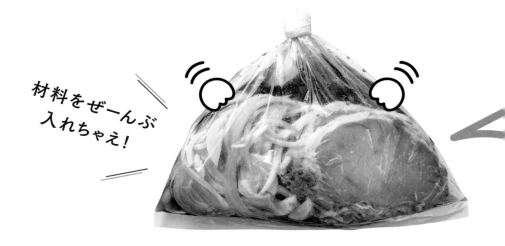

朝5分	しみしみ

まずは仕込み

朝の仕度をしながら、ポリ
袋に材料をイン！ 冷蔵室
に保存して準備OK。今日
も一日がんばりましょう！

もみもみ～

でき上がり！

| タイム | 焼く・煮る・盛る |

半日漬け

おかずの漬け込みは30分〜半日以
上がおすすめ。急いでいるときや、
思い立って作る場合に、もんですぐ
からおいしく仕上がるレシピも紹介。

ジューッ

この本のレシピで使うのに
向いているポリ袋

SやLより、Mサイズ

スーパーや100円ショップなどで売っているMサイズのものがベストサイズ。おかずなら2人分、副菜の作りおきは4〜5日、保存が可能です。

透明で中身が見えやすい

食材の様子をチェックするため透明を選んで。作るときに調味液がきちんと食材に回っているかな？と確認したり、季節によって足の早い食材もあるため、作りおきの際は状態をチェックするのに効果的。

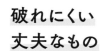

破れにくい丈夫なもの

スーパーにサービスで置いてあるようなシャカシャカとした素材のものはすぐしわになり、破れやすいので今回のポリ袋調理には向いていません。両手でピン！と張ったときに簡単に破れたり伸びたりしない、丈夫なポリ袋を選んでください。

ポリ袋にまつわる NG行動

ダメ、ゼッタイ!

NG 1 ▶ ポリ袋ごと 加熱しない

加熱できる製品もありますが、ほとんどのものがNG。袋がとけてしまうこともあるため、火にかけるときや電子レンジにかけるときは、中身をとり出して。

NG 2 ▶ 伸びた爪で もみもみしない

もんでいるうちに意外とあたる爪。伸びたまま扱うと、袋に穴があき、液もれして手やキッチンが汚れてしまいます。ある程度短く切ってからポリ袋をさわるようにしましょう!

コツをつかんで、毎日のごはん作りの強い味方に！
今日からアナタもポリ袋マスター

POINT
1

液もれがこわいなら、ポリ袋を「二重」に

液もれが気になるときは、バットにのせなくても、袋を二重にすれば大丈夫。スペースもとりません。袋の上からたたいたり、もみすぎて袋にしわが寄ったものは二重にして保存を。

POINT 2

揚げ物は、粉を「直前」にまぶす

から揚げやパン粉焼きなどは、漬け込む段階で粉を入れるとベトベトに。粉類はいざ揚げるぞ！というときにまぶすようにして。粉は一度に入れてもいいですが、2回に分けると、よりまんべんなく食材にまぶすことができます。

POINT 3

生地が余ったら「定規」を使ってしぼり出す

袋に残った生地やたねを余すことなくとり切りたい！というとき。爪を立ててしまうと袋に傷が入りやすくなります。定規を使うときれいにしぼり出せます。カードやスケッパーは袋にあたる部分が鋭利なのに対し、定規は比較的まるみがあるのでおすすめ。

この本の特徴と使い方

おいしく食べられるタイミングなどが一目瞭然！

ポリ袋に入れてもみ込んだあと、どのくらいで調理するかを表記。もんですぐOKのものには、包丁いらずのレシピがあり、アイコンで明記。

 半日以上漬けて調理がおすすめ。忙しいときは20〜30分でOK。

 もんですぐ調理、あるいは食べるのがおすすめ

30分以上漬けて調理がおすすめ。忙しいときはすぐでもOK。

 包丁＆まな板なしで調理ができる

PART 1

漬ければ漬けるほどにおいしい、王道豚肉おかず

豚のしょうが焼き

材料（2人分）
豚ロース薄切り肉（しょうが焼き用）… 8枚（約250g）
玉ねぎ … ½個
【下味】
　しょうがのすりおろし … 小さじ1
　しょうゆ、みりん、酒 … 各大さじ1.5
　砂糖 … 小さじ1
　塩 … 少々
サラダ油 … 大さじ1

もみ もみ もみ もみ

＜下準備＞
※玉ねぎは縦に薄切りにする

作り方
1　ポリ袋に豚肉と玉ねぎ、下味の材料を入れてもみ込み、半日以上漬ける。

2　フライパンにサラダ油を熱する。1を汁ごと加えて炒める。肉の色が変わり、玉ねぎがしんなりしたら器に盛り、あればキャベツのせん切りとトマトのくし形切りを適量を添えて、あらびき黒こしょうを振る。

下準備がまとまっていてわかりやすい

食材を切る、オーブンの予熱が必要などを記載。調理が一層スムーズになります。

ポリ袋を使うタイミングがすぐわかる！

ポリ袋を使う工程は下線で強調。あらかじめ必要な枚数のポリ袋を準備するのに役立てて。

- ●大さじ1は15ml、小さじ1は5ml、1カップは200mlです。
- ●材料は2人分で表示していますが、料理によって作りやすい分量や個数で表示しているものもあります。
- ●野菜類は、特に指定のない場合は、「洗う」「皮をむく」「へたをとる」などの作業をすませてからの手順を説明しています。
- ●特に指定のない場合、しょうゆは濃口しょうゆ、砂糖は上白糖、塩は精製塩、小麦粉は薄力粉を使用しています。こしょうは白こしょう、黒こしょうを好みで使用してください。

- ●電子レンジの加熱時間は600Wの場合の目安です。500Wの場合は1.2倍にしてください。機種によって加熱時間に多少の差があるので、様子を見てかげんしてください。
- ●オーブン、オーブントースターは機種によって加熱時間に多少の差があるので、様子を見てかげんしてください。
- ●保存期間は冷蔵室で保存した場合の目安です。冷蔵室内の冷気の循環状態、あけ閉めする頻度などにより、保存期間に差が出る場合があります。

PART 1

ポリ袋で
肉おかず
ができちゃった!

30

日々の食卓に欠かせない肉おかず。調味
液を漬け込むのも、材料をまぜるのもぜ
ーんぶポリ袋で完結! から揚げやハン
バーグといった定番レシピから韓国レシ
ピまで、おうちにある調味料をフル活用
の簡単レシピを30品ご紹介。

漬ければ漬けるほどにおいしい、
王道豚肉おかず

豚のしょうが焼き

材料 (2人分)
豚ロース薄切り肉(しょうが焼き用) … 8枚(約250g)
玉ねぎ … ½個
【下味】
しょうがのすりおろし … 小さじ1
しょうゆ、みりん、酒 … 各大さじ1.5
砂糖 … 小さじ1
塩 … 少々
サラダ油 … 大さじ1

もみ もみ もみ もみ

＼ 下準備 ／

● 玉ねぎは縦に薄切りにする

作り方

1 ポリ袋に豚肉と玉ねぎ、下味の材料を入れてもみ込み、半日以上漬ける。

2 フライパンにサラダ油を熱する。**1**を下味ごと加えていためる。肉の色が変わり、玉ねぎがしんなりとしたら器に盛り、あればキャベツのせん切りとトマトのくし形切り各適量を添えて、あらびき黒こしょうを振る。

すぐに
おいしい

やわらかな豚バラと、
肉のうまみをまとったねぎ塩とが好相性

豚塩ねぎいため

材料（2人分）
豚バラ薄切り肉 … 250g
ねぎのみじん切り … ½本分
【下味】
　鶏ガラスープのもと … 小さじ1
　にんにくのすりおろし … 小さじ1
　酒 … 大さじ1
　塩、あらびき黒こしょう … 各適量
塩、あらびき黒こしょう … 各適量

もみ　もみ　もみ　もみ

＼ 下準備 ／

● 豚肉はキッチンばさみで食べやすい大きさに切る

作り方

1 ポリ袋に豚肉とねぎ、下味の材料を入れてもみ込む。

2 フライパンを熱し、**1**を下味ごと加えていためる。肉の色が変わり、ねぎがしんなりとしたら器に盛り、塩と黒こしょうを振る。

塩とヨーグルトに漬けて、もっちり&しっとり。
この食感はおどろき！

塩ガーリックトンテキ

22

材料（2人分）
豚ロース肉（とんカツ用）… 2枚（約300g）
【下味】
　プレーンヨーグルト … ½カップ
　にんにくのすりおろし … 小さじ1
　塩 … 小さじ½

作り方

1 ポリ袋に豚肉と下味の材料を入れてもみ
込み、半日以上漬ける。

2 1の豚肉をとり出し、余分な下味をぬぐ
う。魚焼きグリルに入れ、こんがりとす
るまで5〜6分焼く※。器に盛り、あれ
ばグリーンリーフとパプリカの細切り各
適量を添える。
※魚焼きグリルがない場合は、フライパンで片面3分
ずつ焼く。

半日以上で
おいしい

塩麹をもみ込み、やわらかでジューシーな仕上がり。
深い味わいの煮汁をゆで卵にまとわせて

豚のみそ角煮

材料（2人分）
豚バラかたまり肉 … 500g
【下味】
　塩麹 … 小さじ2
　みそ、砂糖 … 各大さじ2
　酒、みりん … 各大さじ2
　しょうがの薄切り … 1かけ分
ゆで卵 … 2個

もみ　もみ　もみ　もみ

＼ 下準備 ／

●豚肉は4〜5cm厚さに切る

作り方

1　ポリ袋に豚肉と下味の材料を入れてもみ込み、半日以上漬ける。

2　なべに1を下味ごと入れ、水2カップを注ぎ入れて落としぶた※をする。水分がなくなったら水を足しながら弱火で50分〜1時間煮る。ゆで卵を加えてさらに5分煮る。
※なければアルミホイルに穴をあけ、材料に密着させるようにかぶせる。

3　器に盛り、あれば三つ葉を添える。

ぶ厚いとんカツ用肉は、ステーキにも◎。
こくのあるジンジャーソースが味の決め手

ポークジンジャー
ステーキ

材料（2人分）
豚ロース肉（とんカツ用）… 2枚（約300g）
【下味】
　しょうがのすりおろし … 小さじ1
　玉ねぎのすりおろし … ¼個分
　しょうゆ … 大さじ1
　はちみつ … 小さじ1
　酒 … 大さじ2
ズッキーニ … 1本
バター … 10g
サラダ油 … 小さじ3

─ ＼ 下準備 ／ ─

● 豚肉は筋切りをする

● ズッキーニは1cm厚さの輪切りにする

作り方

1 ポリ袋に豚肉と下味の材料を入れてもみ込み、30分以上漬ける。

2 フライパンにサラダ油小さじ1を熱し、ズッキーニを入れる。焼き色がつくまで焼き、器に取り出す。サラダ油小さじ2を足して1の豚肉をいれて片面3分ずつ焼く。

3 2のフライパンに豚肉を戻し入れ、1の下味とバターを加えてふつふつとするまで煮る。ズッキーニの入った器に盛り、あればあらびき黒こしょうを振る。

30分
から
おいしい

豚バラとにらでスタミナたっぷり！
豆板醬でピリ辛く味つけ

豚にらいため

材料（2人分）
豚バラ薄切り肉 … 250g
にら … 1束
【下味】
　にんにくのすりおろし … 小さじ1
　豆板醤、砂糖 … 各小さじ1
　しょうゆ、みりん、酒 … 各大さじ1

もみ　もみ　もみ　もみ　もみ

＼ 下準備 ／

● にらはざく切りにする

● 豚肉は3cm幅に切る

作り方

1 ポリ袋に豚肉とにら、下味の材料を入れ
てもみ込み、30分以上漬ける。

2 フライパンを熱して**1**を下味ごと入れ、
肉の色が変わるまでいためる。

すぐに
おいしい

ケチャップベースのソースに、バターでこくをプラス。
ごはんを添えてハヤシライス風にしても◎

ポークチャップ

材料（2人分）
豚こまぎれ肉 … 250g
玉ねぎ … ½個
【下味】
　トマトケチャップ … 大さじ3
　中濃ソース、酒 … 各大さじ1
　バター … 10g
塩、こしょう … 各適量

＼ 下準備 ／

● 玉ねぎは縦に薄切りにする

作り方

1 ポリ袋に豚肉と玉ねぎ、下味の材料を入れてもみ込む。

2 フライパンを熱し、1を下味ごと入れていためる。肉の色が変わり、玉ねぎがしんなりとしたら塩とこしょうを加えて味をととのえる。あればパセリのみじん切りを振る。

カリッじゅわ〜な豚からに、
うま辛ヤンニョムソースをからめて

ヤンニョム豚から

材料（2人分）

豚こまぎれ肉 … 250g

【下味】
　しょうがのすりおろし、
　　にんにくのすりおろし
　　… 各小さじ1
　塩、こしょう … 各少々
　かたくり粉 … 大さじ2

【ヤンニョムだれ】
　コチュジャン … 大さじ1
　トマトケチャップ、酒、みりん
　　… 各大さじ1
　はちみつ … 大さじ½
　しょうゆ … 小さじ½
いり白ごま … 適量
サラダ油 … 大さじ6

もみ　もみ　もみ　もみ

作り方

1　ポリ袋に豚肉と下味の材料を入れて
もみ込み、30分以上漬ける。ヤン
ニョムだれの材料はまぜる。

2　フライパンにサラダ油を熱し、**1**を
一口大に丸めながら入れてこんがり
とするまで揚げ焼きにする。

3　**2**を端に寄せ、キッチンペーパーで
余分な油をふきとり、ヤンニョムだ
れの材料を入れて再び熱する。**2**と
からめて器に盛り、ごまを振る。

かたくり粉と小麦粉を合わせた、
カリふわの衣がポイント

鶏のから揚げ

34

材料 (2人分)
鶏もも肉 … 1枚
【下味】
　しょうゆ … 大さじ1
　にんにくのすりおろし、
　　しょうがのすりおろし
　　… 各小さじ1
　酒 … 小さじ1
　ごま油 … 小さじ1
かたくり粉、小麦粉 … 各大さじ3
揚げ油 … 適量

もみ　　もみ

フリ

フリ

作り方

1 ポリ袋に鶏肉と下味の材料を入れて
もみ込み、半日以上漬ける。

2 1にかたくり粉と小麦粉を加え※、
全体に粉をまぶす。フライパンに高
さ2cmの油を注ぎ、180度に熱する。
1をひとつずつ入れ、きつね色にな
るまで揚げる。

※ポリ袋にかなりしわが入ったり、油っぽさを感
じたりしたら新しいものに移し替える。

3 油をきって器に盛り、あればレモン
のくし形切りを添える。

＼ 下準備 ／

● 鶏肉は一口大に切る

35

ザクザクの衣とスパイシーなカレー風味がくせになる。
ビールとの相性も◎

半日以上
で
おいしい

カレーチキンタツタ

材料（2人分）
鶏もも肉 … 1枚
【下味】
　酒 … 大さじ1
　しょうゆ … 小さじ1
　にんにくのすりおろし … 小さじ1
　カレー粉、顆粒スープ（コンソメ）
　　… 各小さじ1
　塩、こしょう … 各少々
グリーンアスパラガス
　　… 4〜5本
かたくり粉 … 大さじ5
揚げ油 … 適量

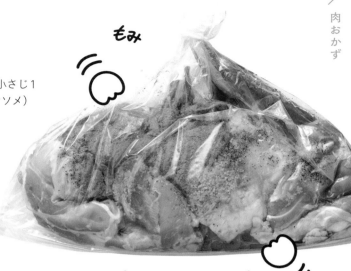

もみ

もみ

フリ

フリ

\　下準備　/

● アスパラは根元のかたい部
　分をキッチンばさみで切り、
　ピーラーで下⅓の皮を薄くむ
　く。長さを半分に切る
● 鶏肉は筋をとり除き、4等
　分する

作り方

1 ポリ袋に鶏肉と下味の材料を入れてもみ
込み、半日以上漬ける。

2 **1**にかたくり粉を加え※、袋を振って全
体にまぶす。フライパンに高さ2cmの油
を注ぎ、180度に熱する。**1**をひとつず
つ油に入れ、カリッとするまで揚げる。
同じ油にアスパラを入れ、素揚げする。
それぞれ油をきって器に盛る。

※ポリ袋にかなりしわが入ったり、汁もれしそうにな
ったりしたら新しいものに移し替える。

卵をチキンにしっかりからめて。
ポリ袋ならまんべんなく卵液が行きわたる

すぐに
おいしい

チキンピカタ

材料 (2人分)
鶏むね肉 … 1枚
【下味】
　塩 … 小さじ½
　こしょう … 少々
　酒 … 大さじ1
　小麦粉 … 大さじ2
とき卵 … 1個分
オリーブ油 … 大さじ2
トマトケチャップ … 適量

もみ

もみ

───＼ 下準備 ／───
● 鶏肉はあれば皮をとり除き、
　1cm厚さのそぎ切りにする

作り方

1　ポリ袋に鶏肉と下味の材料を入れてもみ
　込む。とき卵を加えて、鶏肉全体にから
　める。

2　フライパンにオリーブ油を熱し、鶏肉を
　入れて片面2〜3分ずつ焼く。

3　器に盛って、あればベビーリーフを添え
　て、ケチャップをつけて食べる。

淡泊なささ身と、こくのある
みそマヨのバランスがちょうどいい！

鶏ささ身の
みそマヨ焼き

材料（2人分）
鶏ささ身 … 4〜5本（250g）
【下味】
　みそ … 小さじ2
　マヨネーズ … 小さじ2
　にんにくのすりおろし … 小さじ1
あらびき黒こしょう … 適量

もみ　もみ　もみ　もみ　もみ

──＼ 下準備 ／──

● ささ身は筋をとり除き、一口大に切る

作り方

1　ポリ袋にささ身と下味の材料を入れてもみ込み、30分以上漬ける。

2　フライパンを熱し、1を下味ごと入れてころがしながら2分ほど焼く。鶏肉を返して水大さじ3を加えてふたをし、さらに2〜3分蒸し焼きにする。器に盛り、あれば水菜をのせて、黒こしょうを振る。

30分
から
おいしい

ぷりんとやわらかな鶏むねに、
ポン酢を使ってさっぱりと

鶏むねの
ポン酢焼き

材料（2人分）
鶏むね肉 … 1枚
【下味】
　ポン酢しょうゆ … 大さじ2
　酒 … 大さじ1
　鶏ガラスープのもと … 小さじ½
　しょうがのすりおろし … 小さじ1

もみ　もみ　もみ　もみ

＼ 下準備 ／

● 鶏肉はフォークで数カ所穴
をあける

作り方

1　ポリ袋に鶏肉と下味の材料を入れてもみ
　　込み、30分以上漬ける。

2　フライパンを熱して 1 の鶏肉を入れ、片
　　面2分ずつ焼く。ふたをして弱火にし、
　　さらに3〜4分蒸し焼きにする。下味を
　　加えてふつふつとするまで煮る。火を止
　　めて25分ほどおいてから食べやすい大
　　きさに切って器に盛り、残った煮汁をか
　　ける。あればグリーンリーフとミニトマ
　　トを添える。

半日以上でおいしい

甘じょっぱい味わいがやみつきに。
てりってりな見た目はコーラの糖分がなせるワザ

鶏手羽中の
コーラ煮

44

材料（2人分）
鶏手羽中 … 10〜12本（300g）
【下味】
  コーラ … 1カップ
  しょうゆ … 大さじ2
  赤とうがらし … 1本
  にんにくの薄切り … 1かけ分
コーラ … 1カップ

もみ　もみ　もみ　もみ

作り方

1 ポリ袋に手羽中と下味の材料を入れてもみ込み、半日以上漬ける。

2 フライパンを熱し 1 を皮目から入れ、片面30〜40秒ずつ焼く。下味とコーラを加え、とろみがつき汁っぽさがなくなるまで10〜15分煮る。器に盛り、あればベビーリーフを添える。

半日以上でおいしい

おうちにある調味料だけで、本格的な味わいに。
インド料理ファンにはたまらぬひと皿

タンドリーチキン

材料（2人分）
鶏もも肉 … 1枚

【下味】
　プレーンヨーグルト … 大さじ3
　トマトケチャップ … 大さじ1
　しょうがのすりおろし、にんにくの
　　すりおろし … 各小さじ1
　塩 … 小さじ½
　こしょう、カレー粉 … 各大さじ½

パプリカ(赤・黄) … 各¼個
レモンのくし形切り … 4切れ

もみ
もみ

もみ　もみ

＼　下準備　／

● オーブントースターの天板に
アルミホイルを敷く

● 鶏肉は横に4等分する

● パプリカはそれぞれ縦に薄切
りにする

作り方

1　ポリ袋に鶏肉と下味の材料を入れてもみ
　込み、半日以上漬ける。

2　1とパプリカをオーブントースターに入
　れ、こんがりとするまで7〜8分焼く。
　器に盛り、レモンを添える。

揚げた手羽先をウスターソースに漬けて
ガツンとした味わいに！

黒手羽先

レモンとバジルがさわやかに香る、
こじゃれ系おかず

レモンバジル
手羽先

48

黒手羽先

材料（2人分）
鶏手羽先 … 6本
しょうがのすりおろし … 小さじ1
かたくり粉 … 大さじ1
ウスターソース … 大さじ4
いり白ごま … 適量
サラダ油 … 大さじ6

作り方

1 ポリ袋※に手羽先としょうが、かたくり粉を入れて全体にまぶす。

2 フライパンにサラダ油を熱し、1をこんがりとするまで揚げ焼きにする。油をきってあら熱をとる。

3 別のポリ袋にウスターソースを入れ、2を加えてもみ込む。器に盛り、ごまを振る。

レモンバジル手羽先

材料（2人分）
鶏手羽先 … 6本
バジルの葉のみじん切り … 3枚分
【下味】
　レモン汁 … 大さじ1
　塩、鶏ガラスープのもと … 各小さじ½
　酒 … 大さじ2

作り方

1 ポリ袋※に手羽先とバジル、下味の材料を入れてもみ込む。

2 フライパンを中火で熱し、1を入れて6〜7分焼く。器に盛り、あればバジルの葉を添える。

※鶏手羽先は袋が破れやすいため、二重にするのがおすすめ。

すぐに
おいしい

豪快なサイズ感はファミレス気分！
成形もポリ袋の中でざっくりでOK

ビッグハンバーグ

材料（2人分）

【肉だね】
合いびき肉 … 280g
玉ねぎのみじん切り
　　… ¼個分
卵 … 1個
塩、こしょう … 各少々
あればナツメグ … 少々
パン粉 … 大さじ2
サラダ油 … 大さじ1

【煮汁】
トマトケチャップ … 大さじ4
中濃ソース、みりん … 各大さじ1
水 … ½カップ
ブロッコリー … ¼個
ホールコーン … 大さじ4
バター … 5g
塩、こしょう … 各適量

もみ　もみ

もみ　もみ

\ **下準備** /

● ブロッコリーは小房に分ける
● コーンは汁をきる
● 煮汁はまぜる

作り方

1 ポリ袋に肉だねの材料を入れて粘りけが出るまでもみ込み、袋の上から大判形に成形する。

2 フライパンにバターを熱し、ブロッコリーと汁けをきったコーン、水少々を入れてふたをする。1分ほど蒸し、塩とこしょうを振って器に盛る。

3 2のフライパンの余分な油をキッチンペーパーでふきとり、再び熱する。1を入れ、焼き色がつくまで片面1分ほどずつ焼く。煮汁を入れてふたをし弱火で4〜5分蒸し焼きにする。ふたをとり、煮汁がとろっとするまで煮たら2の器に盛る。

すぐに
おいしい

いためた玉ねぎとピーマンとともに、
甘酢あんでまとめて酢豚風に

肉団子の
甘酢あんかけ

材料 (2人分)

【肉だね】

豚ひき肉 … 250g
玉ねぎ … ¼個
牛乳、酒 … 各小さじ1
塩、こしょう … 各少々
パン粉 … 大さじ3

玉ねぎ … ½個
ピーマン … 2個
赤ピーマン … 1個

【甘酢】

トマトケチャップ
　　 … 大さじ3
酢 … 大さじ1
砂糖 … 小さじ2
しょうゆ … 小さじ2
水 … 大さじ4

【水どきかたくり粉】

かたくり粉 … 小さじ1
水 … 小さじ2

サラダ油 … 大さじ1

\ 下準備 /

● 玉ねぎは一口大に切る。ピーマン、赤ピーマンはそれぞれ乱切りにする

● 甘酢と水どきかたくり粉の材料はそれぞれまぜる

作り方

1 ポリ袋に肉だねの材料を入れてもみ込む。フライパンにサラダ油を熱し、玉ねぎを入れる。しんなりとするまでいためて、端に寄せる。

2 肉だねの入ったポリ袋の片方の隅を先端から長さ2cmほどで切り、1のフライパンのあいているところに一口大にしぼり出す。ころがしながら5分ほど焼き、全体に火を通す。

3 2にピーマンをすべて加えてさっといためたら弱火にし、甘酢を加えてふたをせずふつふつとするまで1分ほど煮る。水どきかたくり粉をもう一度まぜてから回し入れ、全体をざっとまぜる。

すぐに
おいしい

卵白を加えることで、ふんわりとした食感に。
ねぎの香りがアクセント

鶏つくね

材料（2人分）
【肉だね】
　鶏ひき肉 … 200g
　ねぎのみじん切り … ¼本分
　みそ … 小さじ½
　卵白 … 1個分
　こしょう … 少々
　かたくり粉 … 小さじ1
【しょうゆだれ】
　しょうゆ … 大さじ½
　酒、みりん … 各大さじ1
　砂糖 … 小さじ1
【水どきかたくり粉】
　かたくり粉 … 小さじ½
　水 … 小さじ1
卵黄 … 1個分
貝割れ菜 … 適量
サラダ油 … 大さじ1

もみ

チョッキン

もみ

＼ 下準備 ／

● しょうゆだれと水どきかたく
り粉の材料はそれぞれまぜる

作り方

1　ポリ袋に肉だねの材料を入れ、粘りけが
　　出るまでもみ込む。

2　フライパンにサラダ油を熱する。肉だね
　　の入ったポリ袋の片方の隅を先端から長
　　さ3cmほどで切って、4〜5cm長さの棒
　　状にしぼり出す。片面3分ずつ焼く。

3　しょうゆだれを回し入れ、水どきかたく
　　り粉をもう一度まぜてから加えてざっと
　　からめる。器に盛り、卵黄と貝割れ菜を
　　添える。

すぐに
おいしい

にんにくとコンソメのダブルパンチで
ジャンクな味わい！

チキンナゲット

材料（2人分）

【肉だね】

鶏ひき肉 … 250g

にんにくのすりおろし … 小さじ1

顆粒スープ（コンソメ）… 小さじ1

塩、こしょう … 各適量

マヨネーズ … 大さじ1

小麦粉 … 大さじ2

【バーベキューソース】

トマトケチャップ … 大さじ2

中濃ソース … 大さじ1

フレンチマスタード … 小さじ1

はちみつ … 小さじ1

揚げ油 … 適量

もみ

チョキン

もみ

\ 下準備 /

● バーベキューソースの材料
はまぜる

作り方

1 ポリ袋に肉だねの材料を入れてもみ込む。

2 フライパンに高さ2cmの油を注ぎ、180度
に熱する。肉だねの入ったポリ袋の片方
の隅を先端から長さ2cmほどで切って、
一口大のボール状にしぼり出し、キッチ
ンばさみで切りながら油に落とし入れる※。

※油がはねやすいので注意する。

3 油をきって器に盛り、バーベキューソー
スと、あればブーケレタスを添える。

すぐに
おいしい

豆腐を加えてふんわり&ヘルシー。
おつまみとしても重宝

スティック
サラダチキン

材料 (2人分)
鶏ひき肉 … 200g
木綿豆腐 … ⅓丁 (約100g)
レモン汁 … 小さじ1
ドライバジル … 小さじ1
塩、こしょう … 各少々
鶏ガラスープのもと … 小さじ1

もみ

チョキン

もみ

\ 下準備 /

● 豆腐は耐熱容器に入れ、キッチンペーパーでつつんで電子レンジで2分加熱してペーパーをはずし、さらに2分加熱する。容器を傾けて底にたまった水を捨て、キッチンペーパーで水けをふく

作り方

1 ポリ袋に材料をすべて入れて、よくもむ。

2 1のポリ袋の片方の隅を先端から長さ2cmほどで切って、耐熱容器に長さ5cmほどの棒状にしぼり出す。

3 ラップをふんわりとかけて電子レンジで3〜4分加熱する。器に盛り、あれば粒マスタードを添える。

すぐに
おいしい

チーズをのせてプレミアムに。
オーブンでこんがりと焼き上げて

ピーマンの肉詰め
チーズ焼き

材料（2人分）

【肉だね】

 合いびき肉 … 200g

 ねぎのみじん切り … ½本分

 卵 … 1個

 塩 … 小さじ½

 こしょう … 少々

 パン粉 … 大さじ2

ピーマン … 4個

ピザ用チーズ … 40g

トマトケチャップ … 適量

作り方

1   ポリ袋に肉だねの材料を入れてよくもむ。

2   バットにピーマンを並べる。肉だねの入ったポリ袋の片方の隅を長さ2cmほどで切り、ピーマンの内側に肉だねをしぼり出す。

3   2を天板の上に並べてピザ用チーズを等分に散らし、オーブントースターで10〜15分焼く。器に盛り、ケチャップをかける。

＼ 下準備 ／

● ピーマンは縦半分に切り、種とわたをとり除く

● オーブントースターの天板にアルミホイルを敷く

すぐに
おいしい

厚揚げなら下ゆでも不要！
簡単にボリュームアップできてお財布にもやさしい

厚揚げマーボー

材料（2人分）

豚ひき肉 … 100g

厚揚げ … 1枚(200g)

【下味】

　しょうがのすりおろし、

　　にんにくのすりおろし … 各小さじ1

　ねぎのみじん切り … ½本分

　オイスターソース … 大さじ1

　豆板醤、砂糖 … 各大さじ½

　鶏ガラスープのもと … 小さじ½

【水どきかたくり粉】

　かたくり粉 … 小さじ1

　水 … 小さじ2

細ねぎの小口切り … 適量

もみ

もみ

もみ　もみ

＼　下準備　／

● 厚揚げは2cm角に切る

● 水どきかたくり粉の材料はまぜる

作り方

1 ポリ袋にひき肉と下味の材料を入れてもみ込む。厚揚げを加えてなじませる。

2 フライパンを熱する。**1**を下味ごと入れていため、ひき肉の色が変わりパラパラとしてきたら、水⅔カップを加える。ふつふつとしてきたら水どきかたくり粉をもう一度まぜてから加え、ざっくりとまぜてとろみをつける。

3 器に**2**を盛り、細ねぎを散らす。

すぐに
おいしい

かむほどにうまみが口いっぱいに広がる。
パテとしてバンズに挟んでも！

サイコロステーキ

材料（2人分）
【肉だね】
　牛ひき肉または合いびき肉
　　…300g
　塩、こしょう … 各少々
　かたくり粉 … 大さじ1
さやいんげん … 8本
ヤングコーン … 8本
市販の焼き肉のたれ … 大さじ3
オリーブ油 … 大さじ1

＼ 下準備 ／

●さやいんげんは長さ半分に
切る

作り方

1　ポリ袋に肉だねの材料を入れてもみ、厚
　みを2cmほどにならして冷蔵室で10分お
　く。ポリ袋から肉だねをとり出して2cm
　角に切る。

2　フライパンにオリーブ油を熱し、さやい
　んげんとヤングコーンを入れてしんなり
　とするまでいためて器に盛る。1を加え
　て3〜4分焼き、焼き肉のたれを全体に
　回し入れる。

半日以上
で
おいしい

牛肉のうまみとごま油が好相性。
野菜にも下味をつけ、まとまりのあるひと皿に

プルコギ

材料（2人分）
牛こまぎれ肉 … 200g
パプリカ（赤・黄）… 各½個
玉ねぎ … ½個
【下味】
　酒、しょうゆ … 各大さじ1
　すり白ごま、砂糖 … 各大さじ½
　ごま油 … 大さじ½
　コチュジャン … 小さじ1
　にんにくのすりおろし、
　　しょうがのすりおろし … 各小さじ1
　粉とうがらし、鶏ガラスープのもと
　　… 各小さじ½
あらびき黒こしょう … 適量

もみ
もみ
もみ　もみ

─ \ 下準備 / ─
● パプリカはそれぞれ縦に1
cm幅に切る
● 玉ねぎは縦に薄切りにする

作り方

1　ポリ袋に牛肉と野菜、下味の材料を入れ
てもみ込み、半日以上漬ける。

2　フライパンを熱して 1 を下味ごと入れて
いためる。肉の色が変わって、野菜がし
んなりとしたら器に盛って黒こしょうを
振り、あれば糸とうがらしをのせる。

肉と野菜がたっぷり！
春雨も入ってひと皿でじゅうぶんな満足感

牛肉チャプチェ

材料（2人分）
牛こまぎれ肉 … 200g
ピーマン … 2個
赤ピーマン※ … 1個
玉ねぎ … ½個
春雨（小分けタイプ）… 50g
【下味】
　市販の焼き肉のたれ … 大さじ4
　豆板醤 … 小さじ1
いり白ごま … 適量
※なければピーマンでもよい。

もみ
もみ
もみ
もみ

＼ 下準備 ／

● ピーマンは縦に細切りにする
● 玉ねぎは縦に薄切りにする

作り方

1 ポリ袋にごま以外の材料をすべて入れ、下味がからむようにもみ込み、30分以上漬ける。

2 耐熱ボウルに **1** を下味ごと入れる。水⅔カップを加えてラップをふんわりとかけ、電子レンジで5〜6分加熱してとり出す。スプーンなどでかきまぜてもう一度ラップをかけ、さらに1分加熱する。

3 器に **2** を盛って、ごまを振る。

今日は焼き肉！な気分のときに
うってつけ。好きな葉物で
つつんで楽しもう

おうち焼き肉

材料（2人分）
焼き肉用牛肉（もも、カルビなど）
　… 300g
市販の焼き肉のたれ … 大さじ4
サンチュ … 適量
コチュジャン … 適量
サラダ油 … 大さじ1

作り方

1　ポリ袋に牛肉と焼き肉のたれを
　入れてもみ込、30分以上漬ける。

2　フライパンにサラダ油を熱し、
　1を焼く。サンチュで肉をつつ
　み、コチュジャンとあれば糸と
　うがらしをのせて食べる。

甘辛じょうゆでこっくりと煮た
牛肉に温玉をオン!

牛のしぐれ煮
温玉のせ

**30分
から
おいしい**

材料 (2人分)
牛こまぎれ肉 … 200g
【下味】
　しょうがのすりおろし … 小さじ2
　しょうゆ、みりん … 各大さじ1
　砂糖 … 大さじ1
　酒 … 大さじ2
　水 … 大さじ4
温泉卵 … 2個

作り方

1 ポリ袋に牛肉と下味の材料を入れてもみ込み、30分以上漬ける。

2 フライパンを熱して**1**を下味ごと入れ、汁けがなくなるまでいためる。

3 器に**2**を盛り、温泉卵をのせる。

71

30分
から
おいしい

2種のきのこと牛肉を、
おろしだれに漬けて、さっぱりと

牛肉ときのこの
おろし煮

材料（2人分）
牛薄切り肉 … 200g
しめじ … 100g
まいたけ … 100g
大根のすりおろし … 150g
【煮汁】
| 白だし、みりん … 各大さじ2
| しょうゆ … 大さじ½
細ねぎの小口切り … 適量

＼ 下準備 ／

● しめじは石づきを除き、小房に分ける

● まいたけは食べやすくほぐす

● 大根のすりおろしは軽く水けをしぼる

作り方

1 ポリ袋に細ねぎ以外の材料をすべて入れてもみ込み、30分以上漬ける。

2 フライパンを弱火で熱し1を煮汁ごと入れ、水1カップを加えて5〜6分煮る。器に盛り、細ねぎを散らす。

PART 2

ポリ袋で
魚おかず
ができちゃった！

20

マンネリ化しがちな魚介のレシピも、ポリ袋でバリエーション豊富に！ 焼くだけ煮るだけではなく、それぞれのレシピに漬けるならではのひと工夫が。ごはんに合わせたいものから、パンやパスタとともに楽しめるものまで幅広く使えるレシピもうれしい。

半日以上でおいしい

ふっくらとした身に、
甘辛だれをてりりとからめて

ぶりの照り焼き

材料（2人分）

ぶり … 2切れ

【下味】

　しょうゆ、酒、みりん … 各大さじ1

　砂糖 … 小さじ1

　しょうがの薄切り … ½かけ分

かたくり粉 … 適量

ししとうがらし … 6〜8本

サラダ油 … 小さじ2

作り方

1　ポリ袋にぶりと下味の材料を入れてなじませ、半日以上漬ける。

2　1のぶりの表面に軽くかたくり粉を振る。フライパンにサラダ油を熱してぶりを入れ、片面1〜2分ずつ焼く。

3　2のフライパンにししとうを加え、焼き色がつくまで焼いて器に盛る。1の下味を加えて弱火にしてふつふつとするまで煮たらぶりとからめ、ししとうののった器に盛る。

半日以上でおいしい

ほろっとほどけるぶりと、
味しみっしみの大根は名コンビ

ぶり大根

材料（2人分）
ぶり … 2切れ
大根 … 300g
【下味】
　しょうがのせん切り … 1かけ分
　しょうゆ … 大さじ1.5
　酒、みりん … 各大さじ1
　砂糖 … 大さじ1

なで
なで
なで なで

＼ 下準備 ／

● ぶりは1切れを3等分に切る
● 大根は皮をむき、1.5cm厚さの半月切りにする

作り方

1 耐熱容器に大根を入れてラップをふんわりとかけ、電子レンジで4〜5分加熱する。あら熱がとれたらポリ袋に入れる。

2 1にぶりと下味の材料を加えてなじませて半日以上漬ける。

3 なべに2を下味ごと入れて、水1カップを加える。ふたをし弱火で10〜15分煮る※。器に盛り、あれば三つ葉のあらみじん切りをのせる。

※途中、水がなくなれば大さじ2〜3ずつ足す。

半日以上で
おいしい

ガツンとしたにんにくをまとったいわしに、
さわやかな青じそを添えて

いわしの
ガーリックじょうゆ

材料（2人分）
いわし（頭と内臓をとったもの）… 4尾
【下味】
　にんにくのみじん切り … 1かけ分
　しょうゆ … 大さじ2
　酒、みりん … 各大さじ1
　砂糖 … 小さじ1
青じそ … 適量

\\ 下準備 /

●青じそは軸を切り、細切り
にする
●フライパンにフライパン用
クッキングシートを敷く

作り方

1　ポリ袋にいわしと下味の材料を入れてなじませ、半日以上漬ける。

2　フライパンに 1 を並べ入れ、弱火で片面4分ずつ焼く。器に 2 を盛り、青じそをのせる。

すぐに
おいしい

カリッと揚げたいわしに、
ねぎ塩の塩けと酸味のバランスがいい

いわしの
ねぎ塩だれがけ

材料（2人分）

いわし（三枚おろし）… 4尾分
しょうが汁 … 小さじ1
かたくり粉 … 大さじ2
【ねぎ塩だれ】
　ねぎのみじん切り … ½本分
　塩 … 少々
　レモン汁 … 小さじ2
　鶏ガラスープのもと … 小さじ1
　水 … 大さじ2
サラダ油 … 大さじ6

もみ

フリ

もみ

フリ

作り方

1　ポリ袋にねぎ塩だれの材料を入れて
　もみ込む。

2　別のポリ袋にいわしを入れる。しょ
　うが汁とかたくり粉を加え、袋を振
　って全体に粉をまぶす。

3　フライパンにサラダ油を熱し、2を
　入れてきつね色になるまで揚げ焼き
　にする。油をきって器に盛り、1を
　かける。

30分からおいしい

ローズマリーの香りが、
かじきをワンランク上の魚おかずに

かじきの
ハーブオイル焼き

材料 (2 人分)
かじき … 2切れ
【下味】
　ローズマリー … 1枝
　パセリのみじん切り … 大さじ1
　塩 … 小さじ½
　オリーブ油 … 大さじ1

作り方

1　ポリ袋にかじきと下味の材料を入れてなじませ、30分以上漬ける。

2　フライパンを熱し 1 を入れて、片面3分ずつ焼く。器に盛って、あればミニトマトを添える。

半日以上
で
おいしい

みりんで上品な甘みに。
白みそで本格的に仕上げてもよし

かじきの西京焼き風

材料（2人分）
かじき … 2切れ
【みそだれ】
みそ … 大さじ1.5
酒、みりん … 各大さじ1
砂糖 … 小さじ1

なで
なで
なで
なで

＼ 下準備 ／

● フライパンにフライパン用
クッキングシートを敷く

作り方

1 ポリ袋にかじきとみそだれの材料を入れ
てなじませ、半日以上漬ける。

2 1のかじきをとり出して、みそだれを軽
くぬぐう。フライパンを弱火で熱し、片
面3分ずつ焼く。あれば器に青じそを敷
いてかじきを盛り、フライパンに残った
みそだれをかける。

すぐに
おいしい

卵のかわりにマヨがつなぎ役。
オリーブ油でサクッとかろやかに

あじのパン粉焼き

材料（2人分）
あじ（三枚おろし）… 4尾分
【衣】
　マヨネーズ … 大さじ1
　塩、こしょう … 各少々
パン粉 … 大さじ4
オリーブ油 … 大さじ4

もみ

もみ

フリ

フリ

作り方

1　ポリ袋にあじと衣の材料を入れてなじませる。

2　別のポリ袋にパン粉の半量を加えて袋を振り、全体にまぶす。残りのパン粉を加えてさらにまぶす。

3　フライパンにオリーブ油を熱し2を並べ入れる。ときどき返しながら、こんがりとするまで焼く。器に盛り、あればベビーリーフを添える。

半日以上でおいしい

ねぎがさばの下味を吸ってクタクタに。
くさみとりにも活躍！

さばのねぎみそ煮

材料（2人分）
さば … 4切れ
ねぎ … ½本
【下味】
　みそ … 大さじ3
　みりん … 大さじ3
　砂糖 … 大さじ2
　しょうゆ … 小さじ½
　しょうがの薄切り … 1かけ分

なで　なで
なで

なで　なで

＼ 下準備 ／

● さばはそれぞれ十字に切り
込みを入れ、熱湯をかける

● ねぎは5㎝長さに切る

作り方

1 ポリ袋に下味の材料、さばとねぎを入れてすり込み、半日以上漬ける。

2 耐熱容器に 1 を下味ごと入れる。水大さじ3を加えてまぜ、ラップをふんわりとかけて電子レンジで7～8分加熱する。

半日以上でおいしい

ヨーグルト×みそのダブル発酵で
身はふっくら、くさみはゼロ

鮭のみそヨーグルトグリル

材料（2人分）
生鮭 … 2切れ
【下味】
　みそ … 大さじ1
　プレーンヨーグルト … 大さじ4
ピーマン … 2個

なで
なで

なで　なで

\ 下準備 /

● ピーマンは種とわたをとり
除き、縦に2cm幅に切る

作り方

1　ポリ袋に鮭と下味の材料を入れてすり込み、半日以上漬ける。

2　1の鮭をとり出し、下味を軽くぬぐう。魚焼きグリルでピーマンとともに入れ、こんがりとするまで5〜6分ほど焼いて器に盛る。

すぐに
おいしい

淡泊な白身魚にスパイシーなカレーコンソメがマッチ

白身魚の
コンソメカレー焼き

材料（2人分）
白身魚（鯛、たらなど）… 2切れ
【下味】
　顆粒スープ（コンソメ）… 小さじ½
　カレー粉 … 小さじ1
　塩、こしょう … 各少々
　酒 … 大さじ1
グリーンアスパラガス … 4本
小麦粉 … 大さじ1
オリーブ油 … 大さじ1
バター … 10g

なで

なで

フリ

フリ

\ 下準備 /

● アスパラはピーラーで下⅓
の皮を薄くむき、長さ半分に
切る

作り方

1　ポリ袋に白身魚と下味の材料を入れてな
　じませる。小麦粉を加えて全体にまぶす。

2　フライパンにオリーブ油を熱して 1 を入
　れ、片面3〜4分ずつ焼く。アスパラを
　加えてしんなりとするまで焼く。バター
　を加えてとかしながら全体にからませる。
　器に盛り、あらびき黒こしょうを振る。

半日以上
で
おいしい

酢飯にのせて、漬け丼に！
短時間で味しみバツグン

漬けまぐろ

すぐに
おいしい

みそのこくに、薬味が
さわやかなアクセント

あじのなめろう

漬けまぐろ

材料（2人分）
まぐろ（刺し身用・さく）… 150g
【漬けだれ】
　めんつゆ（3倍濃縮タイプ）… 大さじ3
　しょうゆ … 小さじ2

── ＼ 下準備 ／ ──

● まぐろは5mm厚さのそぎ切りにする

作り方

1　ポリ袋にまぐろと漬けだれの材料を入れてなじませ、半日以上漬ける。

あじのなめろう

材料（2人分）
あじ（刺し身用）※ … 150g
【ねぎみそ】
　ねぎのみじん切り … ½本分
　しょうがのすりおろし … 1かけ分
　みそ … 大さじ1
　しょうゆ … 小さじ1

※生食するとき安全なのは、20度以下で48時間凍らせてから自然解凍する。

作り方

1　ポリ袋にあじを入れ、粘りけが出るまでめん棒などでたたく。ねぎみその材料を加えてよくもむ。

半日以上
で
おいしい

濃厚でピリ辛なコチュジャンソースを
卵がマイルドにまとめてくれる

サーモンユッケ丼

材料（2人分）
サーモン（刺し身用・さく）… 150g
【ユッケだれ】
　コチュジャン … 大さじ1
　しょうゆ … 小さじ2
　レモン汁 … 小さじ1
　ごま油 … 小さじ1
　砂糖 … 小さじ1
　にんにくのすりおろし … 少々
温かいごはん … 茶わん2杯分
卵黄 … 2個
いり白ごま … 適量

もみ　もみ　もみ　もみ　もみ

```
＼ 下準備 ／
● サーモンは1cm角に切る
```

作り方

1 ポリ袋にサーモンとユッケだれの材料を入れてもみ込み、半日以上漬ける。

2 器にごはんを盛り、あればサラダ菜を添え、**1**、卵黄の順にのせて、ごまを振る。

プリプリのえびにガーリックバターが食欲をそそる。
パスタの具にしても◎

ガーリックシュリンプ

材料（2人分）
むきえび ... 200g
【下味】
　にんにくのみじん切り … 1かけ分
　塩 … 小さじ⅓
　こしょう … 少々
　白ワイン（なければ酒） … 大さじ1
　オリーブ油 … 大さじ1
　バター … 10g
あらびき黒こしょう … 適量

＼ 下準備 ／

● えびは背わたがあれば竹ぐ
しなどでとり除く

作り方

1　ポリ袋にえびと下味の材料を入れてよく
　もみ込み、30分以上漬ける。

2　フライパンを熱し1を下味ごと入れて、
　えびの色が変わるまで焼く。器に盛り、
　黒こしょうを振る。あればサラダ菜を添
　える。

たこの弾力とナンプラーの独特な風味がくせになる

すぐに
おいしい

たこのエスニック風
から揚げ

材料（2人分）
ゆでだこ … 200g
【下味】
　ナンプラー … 大さじ1
　にんにくのすりおろし … 小さじ1
　酒 … 小さじ1
かたくり粉 … 大さじ3
揚げ油 … 適量

もみ

もみ

フリ

フリ

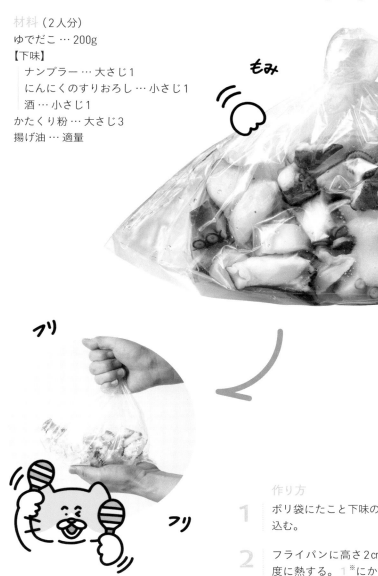

\　下準備　/

● たこはキッチンばさみなど
で一口大に切る

作り方

1　ポリ袋にたこと下味の材料を入れてもみ
　　込む。

2　フライパンに高さ2cmの油を注ぎ、180
　　度に熱する。1[※]にかたくり粉を加えて、
　　全体にまぶし、油に入れてカリッとする
　　まで揚げる。

　　※ポリ袋にかなりしわが入ったり、汁もれしそうにな
　　ったりしたら新しいものに移し替える。

3　器に2を盛り、あればパクチーとレモン
　　のくし形切りを添える。

ボリューミーな見た目にワクワク！
にんにくでパンチをきかせて

まるごといかの
にんにくじょうゆ焼き

材料（2人分）
いか … 1ぱい
【下味】
　にんにくの薄切り … 1かけ分
　しょうゆ、酒 … 各大さじ1
　みりん … 大さじ½

もみ　もみ　もみ　もみ

＼　下準備　／

● いかは足とわたをとり出し、胴は軟骨をとり除いて切り込みを数本入れる。足は吸盤をとり除く

作り方

1　ポリ袋にいかと下味の材料を入れてもみ込み、半日以上漬ける。

2　フライパンを熱して 1 のいかを入れ、片面2分ずつ焼く。下味を加えてふつふつとするまで煮る。

すぐに
おいしい

とろっシャキッな長いもに明太子のプチプチと、
食感を楽しみたいひと皿

長いもの
明太子焼き

材料（2人分）
長いも … ½本(180g)
【明太生地】
　辛子明太子 … ½腹(60g)
　ねぎのみじん切り … ⅓本分
　小麦粉 … 大さじ2
しょうゆ … 適量
のり(細切り) … 適量
サラダ油 … 大さじ2

＼ 下準備 ／

● 明太子は薄皮に切り目を入れ
て中身をスプーンでこそぐ

作り方

1　ポリ袋に長いもと明太生地の材料を
入れる。長いもが細かくなるまでめ
ん棒などでたたき、明太生地の材料
とまざるようよくもむ。

2　フライパンにサラダ油を熱し、1 を
スプーンですくって直径5〜6㎝の
円形にととのえながら入れる。片面
2分ずつ焼き、器に盛る。しょうゆ
をかけて、のりを散らす。

すぐに
おいしい

海鮮のうまみがたっぷりの
あんかけは美味! 中華麺とあえても◎

海鮮中華風うま煮

材料（2人分）

冷凍シーフードミックス … 200g
にんじん … ¼本（40g）
小松菜 … ¾束（150g）
しいたけ … 2個
【下味】
　鶏ガラスープのもと … 大さじ½
　しょうゆ、酒 … 各小さじ1
　砂糖 … 小さじ½
　こしょう … 少々

【水どきかたくり粉】
　かたくり粉 … 小さじ2
　水 … 小さじ4

もみ　もみ

もみ　もみ

\ 下準備 /

● にんじんは短冊切りにする

● 小松菜はざく切りにする

● しいたけは軸を切り、薄切りにする

● 水どきかたくり粉の材料はまぜる

作り方

1　ポリ袋に水どきかたくり粉以外の材料をすべて入れて、もみ込む。

2　耐熱ボウルに 1 を入れて、水100mlを加える。ラップをふんわりとかけ、電子レンジで4〜5分加熱する。

3　水どき片栗粉をもう一度まぜてから加えてさらに1分加熱し、とろみをつける。

すぐに
おいしい

ほたての甘みに、しそがマッチ

ほたての
しそラー油あえ

材料（2人分）
ほたて貝柱（刺し身用）… 8個
青じそ … 8枚
ラー油 … 小さじ¼
しょうゆ … 小さじ1

＼ 下準備 ／

● 青じそは軸を切り、細かくちぎる

作り方

1 ポリ袋に材料をすべて入れてもみ込む。

あえるだけでなく、漬け込むことで
むっちりねっとりした舌ざわりに

鯛のマリネ

半日以上
で
おいしい

材料（2人分）
鯛（刺し身用・さく）… 120g
【下味】
　酢 … 大さじ1
　オリーブ油 … 大さじ1
　砂糖 … 小さじ1
　塩 … 小さじ⅓
　あらびき黒こしょう … 適量

＼ 下準備 ／

● 鯛はごく薄いそぎ切りにする

作り方

1 ポリ袋に鯛と下味の材料を入れ
てなじませ、半日以上漬ける。

2 器に 1 を盛り、あればベビーリ
ーフをのせる。

ポリ袋で 煮卵 ができちゃった!

人気の煮卵をポリ袋で作る方法をご紹介!
ポリ袋なら普通の煮卵の半分以下の量の調味液で、
ググググーッと味がしみ込む。

ポリ袋煮卵

保存
冷蔵で
4日

材料 (作りやすい分量)

卵 … 6個

【煮汁】

しょうゆ … 大さじ2
みりん … 大さじ1
砂糖 … 大さじ½

作り方

1　耐熱ボウルに煮汁の材料を入れ、ラップをふんわりとかけて電子レンジで1分加熱する。しっかり冷ます。

2　なべにたっぷりの水と塩、酢各適量(分量外)を入れて沸かし、卵を加え7分ほどゆでる。冷水にとって完全に冷めたら殻をむく。

3　ポリ袋に1と2を入れ、ひと晩漬ける。

\\ まだまだ浅め! // \\ こんなに 味しみっしみ! //

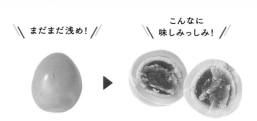

DAY 1　▶　DAY 4

4日目のしっかり味がしみた煮卵は、味つけなしでサンドイッチの具に。もちろんマヨをプラスしても◎。

アレンジ

ねぎラー油煮卵

「ポリ袋煮卵」の煮汁に、細ねぎのみじん切り5〜6cm分とラー油適量を入れても美味! ラーメンのトッピングにするのがおすすめ。

PART 3

ポリ袋で
サブおかず
ができちゃった！

40

あともう一品ほしいときに重宝する、ポ
リ袋で作れるサブおかず。ポリ袋のまま
漬けおきするピクルスやマリネ、包丁や
まな板を使わない簡単なあえ物など、超
便利なラインアップでお届け。

30分
から
おいしい

モギュッ&シャキッの食感が楽しい
たときゅうりの
チーズマリネ

保存
冷蔵で
3日

材料 (作りやすい分量)
ゆでだこ … 100g
きゅうり … 1本　　トマト … 1個
モッツァレラチーズ (フレッシュタイプ)
　… 1パック (100g)
【マリネ液】
　しょうゆ、レモン汁 … 各小さじ1
　オリーブ油 … 大さじ1
　塩 … 小さじ¼
　あらびき黒こしょう … 適量

＼　下準備　／

●たこは一口大に切る。きゅうり
とトマトは乱切りにする。チーズ
は縦半分に切り、さらに2cm厚さ
に切る

作り方

1　ポリ袋に材料をすべて入れても
み込み、30分以上漬ける。

下準備

● ズッキーニは1cm厚さの輪切りにし、フライパンにオリーブオイルを熱してこんがりとするまで焼く。ミニトマトは半分に切る

半日以上でおいしい

肉厚なズッキーニは味しみっしみ

ズッキーニとミニトマトのバルサミコマリネ

材料（作りやすい分量）
ズッキーニ … 1本
ミニトマト … 8個
【マリネ液】
　バルサミコ酢（なければ酢）
　　… 大さじ2
　はちみつ … 大さじ1
　しょうゆ … 小さじ2
　塩、こしょう … 各少々
　オリーブ油 … 大さじ1

作り方

1 ポリ袋に材料をすべて入れてもみ込む。半日以上漬ける。

半日以上
で
おいしい

スティック状でつまみやすい

すし酢の
ピクルス

半日以上
で
おいしい

ゴロゴロとして食べごたえバツグン

かぶとカリフラワーの
カレーピクルス

保存
冷蔵で
4~5日

保存
冷蔵で
4~5日

すし酢のピクルス

材料（作りやすい分量）
パプリカ（赤・黄）… 各1個
きゅうり … 1本
【調味液】
　すし酢 … 1カップ
　粒こしょう … 10粒
　赤とうがらし … 1本

＼ 下準備 ／

● パプリカはそれぞれ縦に細切りにする。きゅうりは1cm角の棒状に切る

作り方

1　ポリ袋に材料をすべて入れて軽くもみ、半日以上漬ける。

かぶとカリフラワーの
カレーピクルス

材料（作りやすい分量）
かぶ … 小2個（100g）
カリフラワー … 120g
【調味液】
　酢、水 … 各大さじ3
　はちみつ … 大さじ1
　塩 … 小さじ½
　こしょう … 少々
　カレー粉 … 小さじ1

＼ 下準備 ／

● かぶは茎を3cmほど残して葉を切り落とし、皮をむいて一口大のくし形切りにする。カリフラワーは小房に分ける

作り方

1　耐熱ボウルにカリフラワーと調味液の材料を入れる。ラップをふんわりとかけ、電子レンジで4分加熱する。あら熱がとれたら調味液ごとポリ袋に入れる。

2　1にかぶを加えて軽くもみ、半日以上漬ける。

ドイツ生まれのこじゃれた副菜
ザワークラウト風

材料（作りやすい分量）
キャベツ … ⅓個（約300g）
【調味液】
　ローリエ … 1枚
　粒こしょう … 3〜4粒
　酢 … 大さじ2　砂糖 … 大さじ½
　塩 … 小さじ½

＼ 下準備 ／

● キャベツはせん切りにする

作り方

1 ポリ袋に材料をすべて入れても
み込み、半日以上漬ける。

半日以上
で
おいしい

保存
冷蔵で
4〜5日

半日以上
で
おいしい

塩と塩昆布のダブル使いでうまみUP

かぶの 塩昆布漬け

保存
冷蔵で
4~5日

材料（作りやすい分量）
かぶ … 2個
塩 … 小さじ¼
塩昆布（細切り）… 6g

＼ 下準備 ／

● かぶは葉と切り分け、皮をむい
ていちょう切りにする。葉は耐熱
容器に入れてラップをふんわりと
かけ、電子レンジで2分ほど加熱
し、3cm長さに切る

作り方

1　ポリ袋にかぶと葉を入れ、塩と
塩昆布を加えてもみ込み、半日
以上漬ける。

すぐに
おいしい

ザーサイひとつで味が決まる

にんじんの
ザーサイあえ

保存
冷蔵で
4日

材料（作りやすい分量）
にんじん … 1本(180g)
ザーサイ(味つき) … 30g
【調味液】
　塩 … 小さじ¼
　いり白ごま … 小さじ2
　ごま油 … 小さじ2

＼ 下準備 ／

● にんじんはスライサーなどで細
切りにし、ザーサイはみじん切り
にする

作り方

1 ポリ袋に材料をすべて入れても
み込む。

すぐに
おいしい

桜えびが食感とうまみをプラス

白菜と桜えびの豆板醤あえ

保存
冷蔵で
4日

材料（作りやすい分量）
白菜 ... 300g
桜えび ... 5g
【調味液】
　酢 … 大さじ1
　豆板醤 … 小さじ1
　砂糖 … 小さじ½
　塩 … 小さじ¼

＼ 下準備 ／

● 白菜は葉と芯に切り分ける。葉はざく切りにし、芯は細切りにする

作り方

1　ポリ袋に材料をすべて入れてもみ込む。

半日以上
で
おいしい

屋台気分で子どももよろこぶ！

昆布茶味の
きゅうりバー

保存
冷蔵で
4~5日

材料（2本分）
きゅうり … 2本
塩 … 少々
昆布茶 … 大さじ½

\ 下準備 /

● きゅうりはへたをとり除き、皮
をピーラーで縞目にむく。横半分
に切って、それぞれに割りばしを
刺す

作り方

1 ポリ袋にきゅうりと塩を入れて
もむ。昆布茶を加えてさらにも
み込み、冷蔵室で半日以上冷や
す。

半日以上
で
おいしい

さわやかな味わいとポリポリ食感

セロリとにんじんの甘酢漬け

材料（作りやすい分量）
セロリ … 2本（180g）
にんじん … ⅓本（50g）
【調味液】
　酢 … 大さじ2
　赤とうがらしの輪切り … 1本分
　砂糖 … 大さじ½
　塩 … 小さじ½

保存
冷蔵で
4~5日

＼　下準備　／

● セロリは筋をとり除いてそぎ切りにする。にんじんは皮をむいてスライサーなどで細切りにする

作り方

1　ポリ袋に材料をすべて入れてもみ、半日以上漬ける。

30分
から
おいしい

まるごとトマトで迫力満点

トマトの青じそ
ポン酢漬け

材料（2人分）
トマト … 2個
青じそ … 4枚
【調味液】
　ポン酢しょうゆ … 大さじ3
　ごま油 … 大さじ1

保存
冷蔵で
3〜4日

＼ 下準備 ／

● トマトは湯むき※し、青じそは軸を切って細切りにする

※皮をむかず、へたとは反対側に十字の切り込みを入れるだけでもOK

作り方

1　ポリ袋にトマト、青じそと調味液の材料を入れてなじませ、30分以上漬ける。

30分から
おいしい

大根とコーンマヨのコンビが新鮮
大根とコーンの
コールスロー

保存
冷蔵で
4~5日

材料 (作りやすい分量)
大根 … ⅓本 (約300g)
塩 … 小さじ½
ホールコーン … 大さじ3
【調味液】
  マヨネーズ … 大さじ2
  酢 … 小さじ1
  砂糖 … 小さじ1

＼ 下準備 ／

● コーンは汁をきる。大根は2cm
長さの拍子木切りにする

作り方

1　ポリ袋に大根と、塩を入れても
む。汁をきったコーンと調味液
の材料を加えてさらにもみ込み、
30分以上漬ける。

新しょうがでほんのり辛みをプラス

枝豆と
新しょうがの
だし漬け

30分
から
おいしい

保存
冷蔵で
4〜5日

材料 (作りやすい分量)
冷凍枝豆 … 150g
新しょうが … 20g
【だし】
　白だし … 大さじ1
　水 … ¼カップ
　塩 … ひとつまみ

＼ 下準備 ／

● 枝豆はざるに入れて流水に1分
ほどあてて解凍し、塩小さじ2を
振る。新しょうがは薄切りにする

作り方

1　ポリ袋に材料をすべて入れてな
じませ、30分以上漬ける。

半日以上
で
おいしい

ポリポリとした歯ざわりが楽しい

きゅうりの漬け物

保存
冷蔵で
4〜5日

材料（作りやすい分量）
きゅうり … 2本
塩 … 小さじ¼
【調味液】
酢 … 小さじ2
砂糖 … 小さじ2
しょうゆ、みりん … 各大さじ1.5
しょうがのせん切り … 1かけ分
赤とうがらし … 1本

作り方

1　耐熱ボウルに調味液の材料を入れて、ラップはかけずに電子レンジで2分加熱する。完全に冷めたらポリ袋に入れる。

2　別のポリ袋にきゅうりと塩を入れてもむ。水けをしっかりとしぼり、**1** の袋に加えてもみ込み、半日以上漬ける。

長いもは大きめカットで食感を出して
長いもののりあえ

材料（作りやすい分量）
長いも … ⅓本（200g）
めんつゆ（3倍濃縮タイプ）
　　… 大さじ1.5
焼きのり（全型）… 1枚

＼ 下準備 ／

●長いもは皮をむいて、1cm厚さ
の半月切りにする

作り方

1　ポリ袋に長いもとめんつゆを入れてもみ、のりをちぎりながら加えてさらにもむ。

半日以上
で
おいしい

ほどよい甘みが箸休めに

ミニトマトの
ハニーレモン
マリネ

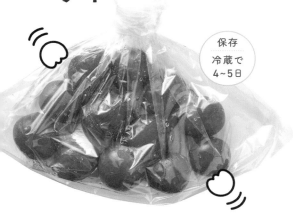

保存
冷蔵で
4~5日

材料（作りやすい分量）
ミニトマト … 10個
【マリネ液】
　はちみつ … 小さじ2
　レモン汁 … 小さじ2
　塩 … ひとつまみ

＼　下準備　／

● ミニトマトは水けをふき、へた
を除いて十字に切り込みを入れる

作り方

1　ポリ袋に材料をすべて入れてな
　　じませ、半日以上漬ける。

すぐに
おいしい

3種のきのこでボリューム満点

きのこの
コチュマヨあえ

材料（作りやすい分量）
しめじ … 100g　　まいたけ … 100g
エリンギ … 1パック
【調味だれ】
　コチュジャン … 大さじ½
　しょうゆ、マヨネーズ … 各大さじ1

保存
冷蔵で
3日

＼ 下準備 ／

● しめじは石づきを除き、小房に分ける。まいたけとエリンギは食べやすい大きさにさく

作り方

1　耐熱容器にきのこを入れラップをふんわりとかけ、電子レンジで3〜4分加熱する。水けをきる。

2　ポリ袋に 1 と調味だれの材料を入れてもみ込む。

30分
から
おいしい

香ばしい玉ねぎとしょうがが好相性

玉ねぎのしょうが
じょうゆ漬け

材料（作りやすい分量）
玉ねぎ … 2個
【調味液】
　しょうがのすりおろし … 小さじ1
　しょうゆ … 大さじ1
サラダ油 … 小さじ2

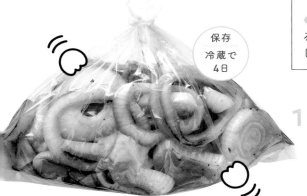

保存
冷蔵で
4日

＼ 下準備 ／

● 玉ねぎは1cm厚さの輪切りにする。フライパンにサラダ油を熱し、しんなりとするまでいためる

作り方

1　ポリ袋に材料をすべて入れてもみ込み、30分以上漬ける。

30分
から
おいしい

ごま油のこくに
トマトの酸味がちょうどいい

トマトの中華あえ

材料（作りやすい分量）
トマト … 2個
ザーサイ（味つき）… 20g
【調味液】
　しょうゆ … 小さじ2
　ごま油 … 小さじ2

保存
冷蔵で
3日

＼ 下準備 ／

● トマトはくし形切りにする。ザーサイはあらめのみじん切りにする

作り方

1　ポリ袋に材料をすべて入れて軽くもむ。冷蔵室で30分以上冷やす。

＼ 下準備 ／
● 白菜は横に4〜5cm幅長さ
に切る

半日以上
で
おいしい

本格的な風味で
ごはんのおともにぴったり

白菜キムチ

保存
冷蔵で
1週間

材料（作りやすい分量）
白菜 … ¼個（500g）
塩 … 小さじ½
【キムチのもと】
　りんごのすりおろし … ¼個分
　にんにくのすりおろし、しょうがの
　　すりおろし … 各1かけ分
　コチュジャン … 大さじ2
　粉とうがらし … 大さじ1
　塩麹 … 大さじ1
　白だし … 小さじ1

作り方

1　ポリ袋に白菜と塩を入れてもみ、
　水けをしぼる。

2　別のポリ袋にキムチのもとの材
　料を入れ、1を加えてよくもみ、
　半日〜1日以上漬ける。

＼ 下準備 ／

○なすは縦半分に切って、皮の部分に格子状に切り込みを入れる

30分
から
おいしい

だしを吸ってよりジューシーに

なすの焼きびたし

保存
冷蔵で
5日

材料（作りやすい分量）

なす … 3本

【調味液】

めんつゆ（3倍濃縮タイプ）
… 大さじ2

水 … 大さじ6

サラダ油 … 大さじ1

作り方

1 フライパンにサラダ油を熱してなすを入れ、こんがりとするまで2分ほど焼く。

2 ポリ袋に **1** と調味液の材料を入れ、**1** を加えて軽くもみ、30分以上漬ける。

30分
から
おいしい

アスパラの繊維ひとつひとつに
ピリ辛ソースがしみわたる

アスパラの
ピリ辛漬け

保存
冷蔵で
4〜5日

材料（作りやすい分量）
グリーンアスパラガス … 8本
【調味液】
　豆板醤 … 小さじ½
　しょうゆ … 小さじ1
　ごま油 … 小さじ1

＼ 下準備 ／

● アスパラはピーラーで下⅓の皮
を薄くむき、3〜4等分にする

作り方

1　耐熱容器にアスパラを入れてラ
　ップをふんわりとかけ、電子レ
　ンジで1分30秒〜2分加熱する。

2　ポリ袋に1と調味液の材料を入
　れてもみ込み、30分以上漬ける。

133

すぐに
おいしい

わさびがピリリとアクセントに

アボカドの
わさび漬け

保存
冷蔵で
3日

材料（作りやすい分量）
アボカド … 1個
【調味液】
　わさび … 小さじ½
　酢 … 小さじ1
　白だし … 小さじ2

＼ 下準備 ／

● アボカドは横に1cm厚さに切る

作り方

1　ポリ袋にアボカドと調味液の材料を入れてなじませる。

\ 下準備 /

● オクラはガクをむき、塩（分量外）を振ってこすり、水洗いする

すぐに
おいしい

ねっとり&ネバネバがいいコンビ

オクラといかの
めんつゆあえ

材料（作りやすい分量）
オクラ … 1パック（8〜10本）
いかそうめん（刺し身用）… 50g
しょうがのせん切り … 1かけ分
【調味液】
　めんつゆ（3倍濃縮タイプ）
　　… 大さじ1.5
　オリーブ油 … 大さじ1
　水 … 大さじ2

保存
冷蔵で
2日

作り方

1　耐熱皿にオクラをのせ、ラップをふんわりとかけて電子レンジで1分〜1分20秒加熱する。あら熱をとって、斜め半分に切る。

2　ポリ袋に 1 と残りの材料を入れてもむ。

135

＼ 下準備 ／
● キャベツは大きめにちぎる

すぐに
おいしい

キャベツの甘みとアンチョビの
塩けのバランスがいい

レンチン
アンチョビキャベツ

材料（作りやすい分量）
キャベツ … ⅓個（300g）
アンチョビフィレ … 20g
にんにくのすりおろし … 小さじ1
オリーブ油 … 大さじ1
塩、こしょう … 各少々

作り方

1 耐熱容器にキャベツを入れてラップをふんわりとかけ、しんなりとするまで電子レンジで3〜4分加熱する。

2 ポリ袋にアンチョビを入れ指でつぶし、1 と残りの材料を加えてもみ込む。

保存
冷蔵で
3日

30分
からおいしい

梅の甘じょっぱさがくせになる

かぶの梅おかかあえ

保存
冷蔵で
4~5日

材料（作りやすい分量）
かぶ … 2個
梅干し … 2個（塩分10%のもの）
【あえ衣】
　削り節 … ½パック（2g）
　しょうゆ … 小さじ1

作り方

1　かぶは葉と切り分ける。くし形切りにし、葉は3cm長さに切る。梅干しは種を除いて、たたく。

2　ポリ袋に1とあえ衣の材料を入れてよくもみ、30分以上漬ける。

半日以上
で
おいしい

刻んで納豆とあえても相性よし

オクラの
だしびたし

保存
冷蔵で
3~4日

材料 (作りやすい分量)
オクラ … 1パック(8~10本)
塩 … 少々
【漬け汁】
　白だし … 大さじ1
　水 … 大さじ3

＼ 下準備 ／

● オクラはガクをむき、塩(分量外)を振ってこすり、水洗いする

作り方

1　耐熱容器にオクラを入れ、ラップをふんわりとかけて電子レンジで1分～1分20秒加熱する。あら熱をとる。

2　ポリ袋に漬け汁の材料と 1 を加えてもみ、半日以上漬ける。

30分
から
おいしい

ねぎ好きにはたまらない、香ばしい一品

焼きねぎの
甘辛漬け

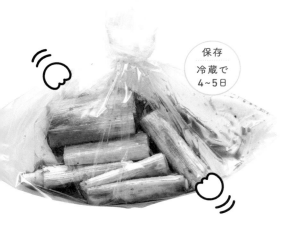

保存
冷蔵で
4〜5日

材料 (作りやすい分量)
ねぎ … 1本
ごま油 … 小さじ1
市販の焼き肉のたれ … 大さじ3

＼ 下準備 ／

● ねぎは5cm長さに切る
● オーブントースターの天板にア
ルミホイルを敷く

作り方

1 天板にねぎを並べて、ごま油を
かける。オーブントースターで
こんがりするまで5分ほど焼く。

2 ポリ袋に焼き肉のたれと、 **1** を
入れて30分以上漬ける。

しいたけに甘辛だれがよく合う

しいたけの
ピリ辛あえ

材料（作りやすい分量）
しいたけ … 1パック(100g)
【調味だれ】
　豆板醤 … 小さじ½
　砂糖 … 小さじ½
　しょうゆ … 小さじ½
　ごま油 … 小さじ½

＼ 下準備 ／

● しいたけは石づきを除き、縦半分に切る

作り方

1 耐熱容器にしいたけを入れ、ラップをふんわりとかけて電子レンジで2〜3分加熱する。

2 ポリ袋に調味だれの材料と、しいたけを入れて軽くもむ。

包丁
いらず

塩昆布がいいうまみ出しに

ちぎりキャベツの塩昆布あえ

保存
冷蔵で
3~4日

材料 (作りやすい分量)
キャベツ … 1/5個(200g)
塩昆布 … 8g
塩 … ひとつまみ
にんにくのすりおろし … 小さじ1
ごま油 … 大さじ1

作り方

1 ポリ袋にキャベツを一口大にちぎって入れる。

2 1に残りの材料をすべて加えてもむ。

包丁いらず

ごま油とにんにくでやみつきに

たたききゅうりのナムル

包丁いらず

トロネバの口当たりは、
ごはんにかけても美味!

たたき長いもの
納豆あえ

たたききゅうりのナムル

材料 (作りやすい分量)
きゅうり … 2本
塩 … 少々
【調味液】
　にんにくのすりおろし … 小さじ1
　ごま油 … 小さじ1
　しょうゆ … 大さじ½
　すり白ごま … 大さじ1

作り方

1　ポリ袋※にきゅうりを入れてめん
　棒でたたき、4～5cm長さにした
　ら塩を加えてもむ。
　※ポリ袋にかなりしわが入ったり、水もれし
　そうになったりしたら袋を二重にするか、新
　しいものに移し替える。

2　1に調味液の材料を加えてもむ。

保存
冷蔵で
3～4日

たたき長いもの納豆あえ

材料 (作りやすい分量)
長いも … 100g
納豆 … 1パック
【調味液】
　しょうゆ … 小さじ1
　ごま油 … 小さじ1

作り方

1　ポリ袋に長いもを入れて、めん棒
　などでたたく。

2　1に納豆を添付のたれと辛子とと
　もに加え、調味液の材料を加えて
　もむ。器に盛って、あれば刻みの
　りを散らす。

保存
冷蔵で
2日

包丁
いらず

水けが出にくい市販の冷凍ブロッコリーが便利!

冷凍ブロッコリーの
粒マスタードあえ

包丁
いらず

マヨが貝割れ菜の辛味をマイルドに

貝割れ菜の
おかかマヨあえ

冷凍ブロッコリーの
粒マスタードあえ

材料（作りやすい分量）
冷凍ブロッコリー … 150g
【調味液】
　粒マスタード、マヨネーズ
　　… 各大さじ1
　顆粒スープ（コンソメ）… 小さじ½
　塩 … 少々

保存
冷蔵で
4日

作り方

1　ポリ袋に凍ったままのブロッコリーと調味液の材料を入れてもむ。30分そのままおく。

貝割れ菜のおかかマヨあえ

材料（作りやすい分量）
貝割れ菜 … 1パック
削り節 … ½パック（2g）
めんつゆ（3倍濃縮タイプのもの）
　　… 小さじ1
マヨネーズ … 大さじ1

保存
冷蔵で
2日

＼ 下準備 ／

● 貝割れ菜は、キッチンばさみで根元を切り落とす

作り方

1　ポリ袋に材料をすべて入れてもむ。

145

ぎゅっ!とした歯ざわりが心地いい

ちぎりなすの
しそあえ

材料（作りやすい分量）
なす … 2本
青じそ … 6枚
塩 … 小さじ⅓
【調味液】
　めんつゆ（3倍濃縮タイプ）
　　… 小さじ1
　ごま油 … 小さじ1

作り方

1 なすはへたを除いてさき、ポリ袋に入れて塩を加えてもむ。青じそは軸を切りちぎって加える。調味液の材料を加えてさらにもむ。

包丁
いらず

すぐに
おいしい

シャキッ&トロッの新鮮な食感

レタスの
とろろ昆布あえ

材料（作りやすい分量）
レタス … 150g
とろろ昆布 … 8g
しょうゆ … 大さじ½

作り方

1 ポリ袋にレタスをちぎりながら入れる。

2 1にとろろ昆布としょうゆを加えて軽く振り、全体をまぜ合わせる。

保存
冷蔵で
2日

すぐに
おいしい

さば缶でボリュームアップとうまみ出し

ちぎりピーマンの
さば缶あえ

保存
冷蔵で
4日

材料（作りやすい分量）
ピーマン … 4個
さばの水煮缶 … 1缶（150g）
【調味液】
　しょうゆ … 大さじ½
　ごま油 … 大さじ½

作り方

1 ピーマンはちぎりながら種、わたをとり除き、ポリ袋に入れる。さば缶は汁をきり、あらくほぐして加える。

2 1に調味液を加えてもむ。

すぐに
おいしい

3色の素材で彩りよく

ブロッコリー
スプラウトの
かにかまコーンマヨ

保存
冷蔵で
2日

材料（作りやすい分量）
ブロッコリースプラウト … 50g
かに風味かまぼこ … 3本(30g)
ホールコーン … 大さじ3
【調味だれ】
　マヨネーズ … 大さじ1.5
　酢 … 小さじ1
　あらびき黒こしょう … 少々

作り方

1　ポリ袋にブロッコリースプラウトを入れる。かにかまをさきながら加え、コーンと調味だれの材料を加えてもみ込む。

半日以上
で
おいしい

たたいたごぼうは味しみバツグン！

ごぼうの
たまり漬け

保存
冷蔵で
4〜5日

材料（作りやすい分量）
ごぼう … ½本
【調味液】
　めんつゆ（3倍濃縮タイプ）、酢
　　… 各大さじ2
　砂糖 … 小さじ1
　赤とうがらし … 1本

作り方

1 ごぼうは横半分に切り、ポリ袋に入れる。めん棒などでたたいてとり出し、さらに5cm長さに切る。耐熱容器に入れ、水大さじ2を振り、ラップをふんわりとかけて電子レンジで3〜4分加熱する。

2 別の耐熱容器に調味液を入れ、ラップをかけずに電子レンジで1分加熱する。完全に冷ましたら別のポリ袋に入れ、**1**を加えてなじませ、半日以上漬ける。

包丁
いらず

サラダ感覚で白菜を楽しめる！

白菜の
塩昆布あえ

材料（作りやすい分量）
白菜 … 300g
塩 … 小さじ¼
塩昆布（細切り）… 8g
ごま油 … 小さじ2

作り方

1 白菜はちぎりながらポリ袋に入れ、残りの材料をすべて加えてもむ。

保存
冷蔵で
4~5日

COLUMN 2

ポリ袋でフレーバーバターができちゃった!

朝食べるトーストに、料理のアクセントに。
作って常備しておけば役立ちますよ。

ジャムで手軽♪
ふわふわ系のパンに合わせるのがおすすめ

ストロベリーバター

材料と作り方(1本分)

1 ポリ袋にバター70gを入れ常温にもどす。よくもんでクリーム状にしたらいちごジャム大さじ2を加えてさらにもみ込む。

2 ポリ袋の上から直径3cmほどの筒状に形をととのえて冷蔵室でひと晩冷やす。

ハード系のパンにつけて焼けば、
簡単ガーリックトーストに

ガーリックバター

材料と作り方(1本分)

1 ポリ袋にバター70gを入れ常温にもどす。よくもんでクリーム状にしたら粗びき黒こしょうとガーリックパウダー各小さじ¼を加えてさらにもみ込む。

2 袋の上から口径3cmほどの筒状に形をととのえて冷蔵室でひと晩冷やす。

ミックスドライフルーツが
キラキラかわいい

フルーツバター

材料と作り方(1本分)

1 ポリ袋にバター70gをポリ袋に入れ常温にもどす。よくもんでクリーム状にしたら好みのドライフルーツ50gを加えてさらにもみ込む。

2 袋の上から口径3cmほどの筒状に形をととのえて冷蔵室でひと晩冷やす。

PART 4

ポリ袋で
おやつとパン
がができちゃった！

10

ボウルも泡立て器も必要なし！ 焼き菓子
からアイスクリームまで、ポリ袋でできちゃいます。仕事や家事の合間に仕込めるほどラクなので、3時のおやつやほっとひと息つきたいときに作ってみては。

ホワイトチョコをのせると、ちょこっとリッチに♪

ディアマンクッキー

材料（12枚分）
バター … 50g
砂糖 … 30g
小麦粉 … 100g
グラニュー糖 … 適量

フリ　フリ

＼ 下準備 ／

● オーブンは180度に予熱する
● 天板にオーブン用シートを敷く
● 好みでホワイトチョコレートを
あらく刻む

作り方

1 ポリ袋にバターを入れてもみ、クリーム
状になったら砂糖を加えてもみ込む。小
麦粉を加えて粉っぽさがなくなるまでさ
らにもむ。

2 1を直径3cmほどの棒状になるよう、袋
の上からころがしながら成形する。

3 別のポリ袋にグラニュー糖を入れて2を
加え、全体にまぶす。1cm厚さに切って
天板に並べ、好みでホワイトチョコレー
トを散らす。オーブンで15〜18分焼く。

ねっとり甘いバナナと、
とろけるチョコの組み合わせは口福

バナナチョコ
マフィン

材料 (直径5cmのマフィン型6個分)

バター … 50g

砂糖 … 30g

卵 … 1個

バナナ … 2本

ホットケーキミックス … 150g

牛乳 … 大さじ2

チョコレート … 1枚

もみ

もみ

作り方

1 ポリ袋にバターを入れてもみ、クリーム状になったら砂糖と卵を加えてさらにもみまぜる。

2 1にバナナ1本を加えてもみ、ホットケーキミックスと牛乳を加えてさらにもみまぜる。

3 袋の片方の端を1カ所切り、マフィン型にそれぞれしぼり出す。バナナとチョコレートをのせ、オーブンで20〜25分焼く。

\ 下準備 /

● オーブンは170度に予熱する

● バナナ1本は5mm厚さに切る

● チョコレートは手で一口大に割る

半日以上でおいしい

クリームチーズの濃厚さと、むちんとした生地のとりこに

レアチーズケーキ

材料（2人分）
好みのビスケット … 9枚(80g)
バター … 20g
【生地】
　クリームチーズ … 200g
　砂糖 … 50g
　レモン汁 … 大さじ½
　プレーンヨーグルト … 100g
　生クリーム … 100g
ゼラチン … 5g

＼ 下準備 ／

●バターは耐熱容器に入れてラップをふんわりとかけて電子レンジで20秒加熱して、とかす※

●ゼラチンは大さじ1の水でふやかす

※加熱が足りなければ10秒ずつ追加する

作り方

1 ポリ袋にビスケットを入れ、めん棒などでたたき細かくする。あらい部分は指でつぶす。とかしたバターを加えてもみ込み、ならす。冷蔵室で15分以上冷やす。

2 別のポリ袋にクリームチーズを入れ、クリーム状になるまでもむ。砂糖とレモン汁、ヨーグルトと生クリームの半量を加えてさらにもみまぜる。

3 耐熱容器に残りの生クリームとふやかしたゼラチンを加え、ラップをかけずに電子レンジで40〜50秒加熱してとかす。**2**に入れて全体をなじませて、平らにねかせて冷蔵室で半日以上冷やし固める。

4 固まったらスプーンですくって器に盛り、冷蔵室から**1**を取り出し、手で折って添える。好みでジャムを添える。

オレオはしっとり&ザクザクを楽しむべく、
あえて大きめに割って

オレオアイスクリーム

材料 (作りやすい分量)

【アイス】
 生クリーム … 1カップ
 コンデンスミルク … 大さじ2
 牛乳 … ½カップ
 はちみつ … 大さじ1
オレオなどのチョコクッキー … 6枚

もみ
もみ
もみ
もみ

＼ 下準備 ／

● オレオは半分に割っておく

作り方

1 ポリ袋にアイスの材料とオレオを入れて
もみ、冷凍室に入れる。2時間はそのま
まさわらず冷やし固めてから30分ごと
に2～3回もんでくずし、半日以上冷や
し固める。

半日以上でおいしい

ヘルシーなヨーグルトベースのアイス。
好みのドライフルーツで彩って

ヨーグルトバーク

材料 (作りやすい分量)
プレーンヨーグルト … 250g
はちみつ … 大さじ2
好みのドライフルーツ … 50g

作り方

1 ポリ袋にヨーグルトとはちみつを入れて
もみ、ドライフルーツを加えて平らに形
をととのえて、バットなどにのせたまま
冷凍室で2時間ほど冷やす。30分ごとに
2〜3回もんでくずし、半日以上冷やし
固める。

163

甘じょっぱいテイストで朝食にもおすすめ！

すぐに おいしい

チーズスコーン

材料（6個分）

【生地】
ホットケーキミックス … 150g
砂糖 … 大さじ1
サラダ油 … 大さじ1
ヨーグルト … 大さじ3

プロセスチーズ … 50g

【コーティング】
みりん … 大さじ1
牛乳 … 大さじ½

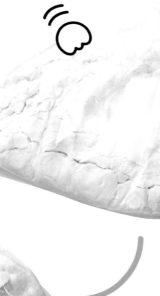

もみ

もみ

~ん

作り方

1 ポリ袋に生地の材料を入れてもみ、ひとまとめにする。めん棒などで1cm厚さにのばし、プロセスチーズを全体にまんべんなく広がるように加える。

2 まな板に打ち粉（分量外）をし、生地を4つ折りにしてめん棒で1cm厚さにのばす。同様に2〜3回繰り返し、2cm厚さの円状にのばしてカードやスケッパーなどで三角形に切る。

3 2を天板にのせてコーティングの材料を塗る。オーブンで15分焼く。

＼ 下準備 ／

● プロセスチーズは1cm角に切る
● オーブンは190度に予熱する
● 天板にオーブンシートを敷く
● コーティングの材料はまぜる

すぐに
おいしい

ふわふわとした白玉に、
あんこのやさしい甘みがしみわたる

豆腐白玉ぜんざい

材料（16個分）
【白玉】
　白玉粉 … 100g
　絹豆腐 … ⅓丁（100〜120g）
市販のゆであずき … 適量

もみ
もみ
もみ
もみ

＼ 下準備 ／

●なべに湯を沸かす

作り方

1 ポリ袋に白玉の材料を入れてもみ、ひとまとめにする。

2 1を一口大にちぎって丸め、なべに落とし入れる。プカプカと浮き上がってきたら、さらに1分ほどゆでて水にとる。

3 水けをきって器に盛り、あずきをかける。

すぐに
おいしい

砂糖をまぶした、どこか懐かしい一口サイズドーナツ

プチドーナツ

材料 (作りやすい分量)

【生地】
　ホットケーキミックス … 150g
　砂糖 … 大さじ1
　牛乳 … 50ml
　卵 … 1個
揚げ油 … 適量
グラニュー糖 … 適量

作り方

1 ポリ袋に生地の材料を入れてよくもむ。

2 フライパンに高さ2cmの油を注ぎ、160度に熱する。**1** の袋の片方の隅を先端から長さ2cmほどで切って、一口大のボール状にしぼり出し、油に落とす。ときどき返しながらきつね色になるまで揚げる。

3 別のポリ袋にグラニュー糖を入れ、油をきった **2** を加えて全体にまぶす。

すぐに
おいしい

サクッとかろやかな食感で食べやすい。
お茶うけにも重宝

ショートブレッド

材料（12本分）
バター … 80g
砂糖 … 40g
塩 … 小さじ¼
小麦粉 … 150g

もみ

もみ

作り方

1 ポリ袋にバターと砂糖、塩を入れてクリーム状になるまでもむ。小麦粉を加えてさらにもみ、ひとまとめにする。1.5cm厚さに平らにのばし、冷蔵室で20分休ませる。

2 1をとり出し、1.5cm幅×5cm長さの棒状に切る。天板に並べたら竹ぐしの背などでくぼみをつけ、オーブンで25分焼く。

＼ 下準備 ／
● オーブンは160度に予熱する
● 天板にオーブンシートを敷く

素朴でほっとなごむ味わい。
砂糖を使っていないので、好みのスプレッドと合わせて

すぐに
おいしい

ホケミ豆腐パン

材料（4個分）
ホットケーキミックス … 150g
絹豆腐 … ⅓丁(100g)
塩 … ひとつまみ

\ 下準備 /

● オーブンは180度に予熱する

● 天板にオーブンシートを敷く

作り方

1 ポリ袋に材料をすべて入れてよくもみ、ひとまとめにする。

2 1を4等分して打ち粉（分量外）をし、丸めてスケッパーなどで真ん中にくぼみをつけて天板に並べる。オーブンで15分焼く。

INDEX

STAFF

ブックデザイン／細山田光宣＋能城成美（細山田デザイン事務所）
撮影／松木 潤（主婦の友社）
スタイリング／片山愛沙子
イラスト／しまだたかひろ
DTP／鈴木庸子、松田修尚（主婦の友社）
編集アシスタント／川名優花
編集／山田萌絵（主婦の友社）
編集デスク／町野慶美（主婦の友社）
撮影協力／UTUWA
TEL：03-6447-0070

料理
ほりえさちこ

フードコーディネーター。和洋女子大学食物栄養学専攻。祐成陽子クッキングアートセミナーにて、アシスタントや講師の経験を経て2004年独立。栄養士の資格ももち、離乳食から日々のごはん、おやつやパンまで幅広いジャンルの栄養に配慮した手軽なレシピに定評がある。書籍や雑誌、広告など幅広いジャンルで活躍中。近著には、『オートミールで簡単！ ダイエット』（宝島社）、『あと一品がすぐできる！おいしい副菜』（池田書店）など多数。

へとへとでも手を汚さずに
今日のおかずが
ポリ袋でできちゃった！

2023年 1 月20日　第1刷発行
2023年12月31日　第5刷発行
著　者　　ほりえさちこ
発行者　　平野健一
発行所　　株式会社主婦の友社
　　　　　〒141-0021
　　　　　東京都品川区上大崎3-1-1目黒セントラルスクエア
　　　　　電話03-5280-7537（内容・不良品等のお問い合わせ）
　　　　　　　049-259-1236（販売）
印刷所　　大日本印刷株式会社

■本のご注文は、お近くの書店または主婦の友社コールセンター（電話0120-916-892）まで。
＊お問い合わせ受付時間　月〜金（祝日を除く）10：00〜16：00
＊個人のお客さまからのよくある質問のご案内 https://shufunotomo.co.jp/faq/